Ganz im Jetzt Malbuch

50 Sinnsprüche zum Ausmalen und Aufbewahren

Anna Stenmark

Willkommen in der entspannenden Welt des Ausmalens!

In diesem Buch finden Sie Sinnsprüche und Zeichnungen zum Ausmalen und Aufbewahren, die Sie mitnehmen auf eine Reise zu innerer Ruhe und Entspannung.

Sie können Bunt- oder Filzstifte, Gel- oder Kugelschreiber zum Ausmalen benutzen. Buntstifte sind am vielseitigsten, da Sie damit verschieden stark tönen und Farben mischen können.* Am besten benutzen Sie Qualitätsstifte, da billige häufig nicht sehr gut färben.

Um Ihre Bilder besonders dekorativ zu gestalten, ziehen Sie sie als Erstes mit einem feinen schwarzen Stift nach. Schneiden Sie Ihr fertiges Bild aus, und stellen oder hängen Sie es als ständige Inspiration auf.

Genießen Sie die Zeit, in der Sie malen und ganz im Jetzt sind!

* Falls Sie mit Filzstiften arbeiten möchten, sollten Sie zu Beginn die Seiten ausschneiden und zum Ausmalen eine Unterlage verwenden.

CreateSpace, Charleston SC

Designer © Anna Stenmark 2016

Zeichnungen © S. 3, 39 irinarivoruchko; S. 5, 45, 49 alexcoolok; S. 7, 9, 33, 37, 59, 69 gollli; S. 11 Alina Shestialtinova; S. 13, 47, 79 Alisa Foytik; S. 15, 71, Yevheniia Hulinska; S. 17 oksanaok; S. 19 Andrey KOTKO; S. 21 nataleana; S. 23 Alena Silkova; S. 25 Roman Dekan; S. 27 Alexey Bannykh; S. 29, 95 Volha Kavalenkava; S. 31 Yulia Snegireva; S. 35 alexokokok; S. 41 bryljaev; S. 43 Amicabel; S. 51, 53, 57, 83 Chi Chiu Tse; S. 55, 61, 77 Olesya Karakotsya; S. 63 matorinni; S. 65 Ghenadie Pascari; S. 67, 75 Regina Jersova; S. 73 Jitka Martinkovičová; S. 81 Simonas Sileika; S. 85 red33; S. 87, 101 pakete; S. 89 Marina Troshenkova; S. 91 Ionut Dan Popescu; S. 93 Natalya Belinskaya; S. 99 magenta10; S. 97 suriko8 | 123rf.com

Übersetzung © Gisela Dasen-Kregcyk

Zuerst erschienen als *Being in the Now: 50 mindfulness quotes to color and keep*, 2015

Ein ruhiger Geist
ist alles,
was du brauchst.

Alles andere wird

geschehen, wie es soll,

sobald dein Geist ruhig ist.

Sri Nisargadatta Maharaj

GLÜCK IST ...

WENN DU ZU WARTEN AUFHÖRST

UND BEGINNST, DAS BESTE
AUS DEM JETZIGEN MOMENT
ZU MACHEN.

LASS NICHT DAS GESTERN ZU VIEL VON DEINEM HEUTE AUFZEHREN.

SPRICHWORT DER CHEROKEE

Irgendwann
musst du einfach
nur loslassen.

Es liegt an dir,
die Schönheit
des Alltäglichen
wahrzunehmen.

Ab heute:

Vergiss, was vergangen ist,

sei dankbar für das,
was ist,

und freu dich auf das,
was noch kommt.

Hüte

dich vor

der Fruchtlosigkeit

eines geschäftigen

Lebens.

Sokrates

Es gibt zwei Arten, sein Leben zu leben: entweder so, als wäre nichts ein Wunder, oder so, als wäre alles eines.

Albert Einstein

Das Leben ist eigentlich einfach, doch wir bestehen darauf, es kompliziert zu machen.

Konfuzius

Die einzig
wahre Reise
ist die innere.

Rainer Maria Rilke

Das Geheimnis der Gesundheit
für Geist wie Körper ist,
nicht der Vergangenheit
nachzutrauern,
sich Sorgen um die Zukunft zu machen
oder Probleme zu erwarten,
sondern im Jetzt zu leben,
klug und aufrichtig.

Buddha

Dein Atem ist dein bester Freund. Besinne dich in all deinen Nöten auf ihn, und du wirst Trost und Führung finden.

Heute

verdienen wir

zu lächeln.

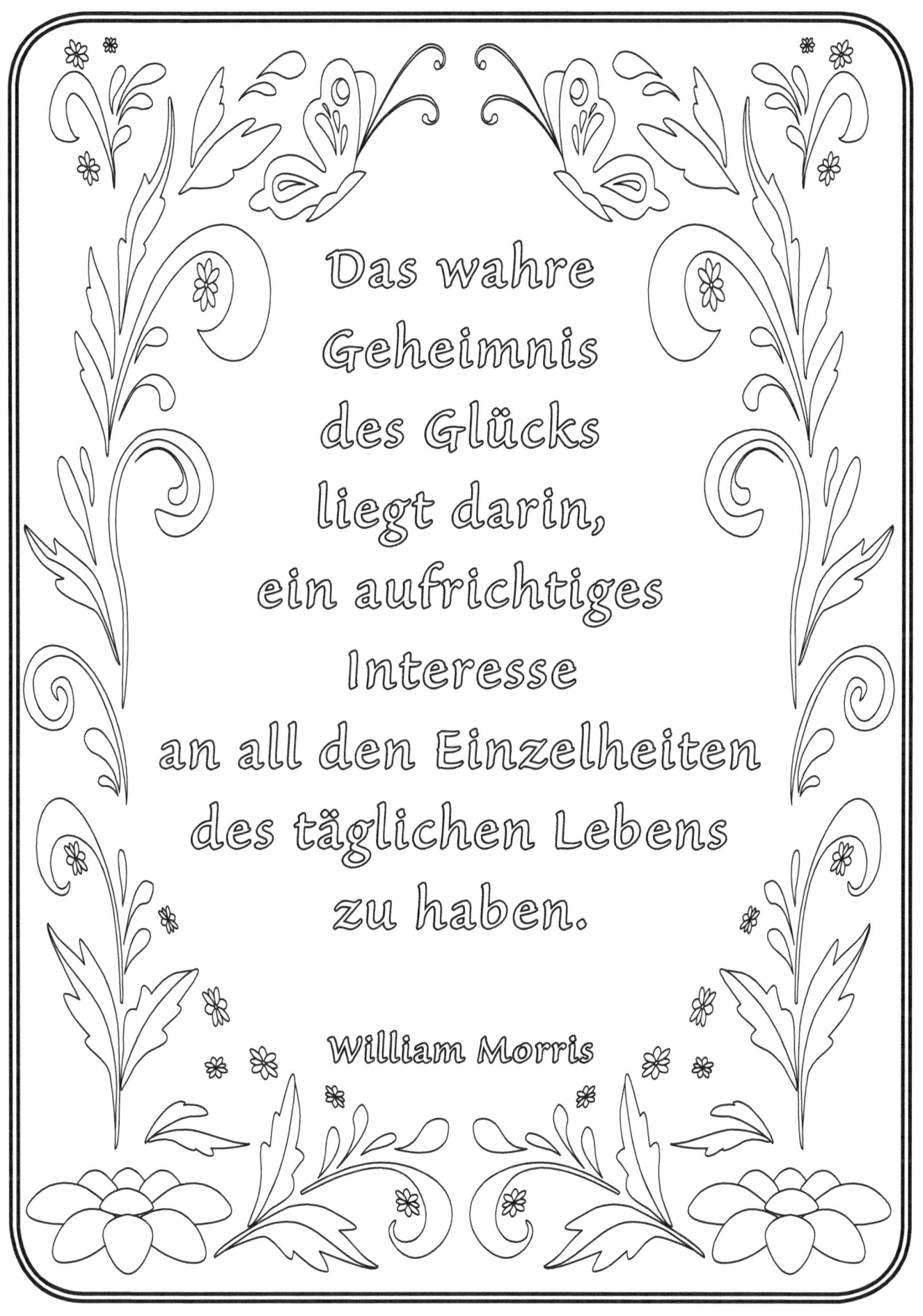

Das wahre
Geheimnis
des Glücks
liegt darin,
ein aufrichtiges
Interesse
an all den Einzelheiten
des täglichen Lebens
zu haben.

William Morris

Am Ende
sind es nicht die Jahre
in deinem Leben,
die zählen.

ES IST DAS LEBEN
IN DEINEN
JAHREN.

Abraham Lincoln

Der Schnittpunkt
zweier Ewigkeiten,
der Vergangenheit und der Zukunft –
genau das
ist der jetzige Augenblick.

Henry David
Thoreau

LASS DIE WIRKLICHKEIT WIRKLICHKEIT SEIN.

LAO-TSE

LASS DIE DINGE NATÜRLICH VORWÄRTSFLIESSEN, WIE IMMER ES IHNEN BELIEBT.

Sei glücklich in diesem Moment. DENN DIESER MOMENT IST DEIN LEBEN.

Omar Khayyam

WAS WIR HEUTE SIND, FOLGT AUS UNSEREN GEDANKEN VON GESTERN, UND UNSERE HEUTIGEN GEDANKEN BAUEN UNSER MORGIGES LEBEN AUF.

UNSER LEBEN IST DIE SCHÖPFUNG UNSERES GEISTES.

BUDDHA

Die Stille
ist ein wahrer Freund,
der dich nie hintergeht.
Konfuzius

Es gibt nur eine Zeit,
die wirklich wichtig ist —
das Jetzt!

Leo Tolstoi

Wenn du begreifst,
dass sich alles verändert,
wirst du nichts
festzuhalten versuchen.

Lao-tse

Verdirb nicht ein gutes Heute, indem du an ein schlechtes Gestern denkst. LASS ES LOS.

JEDEN MORGEN WERDEN WIR NEU GEBOREN. WAS WIR HEUTE TUN, IST DAS, WAS WIRKLICH ZÄHLT.

BUDDHA

VERGANGENHEIT UND ZUKUNFT
GIBT ES NUR IN DER VORSTELLUNG.
ICH BIN JETZT.

SRI NISARGADATTA
MAHARAJ

Manchmal werden die Leute um dich
deine Reise nicht verstehen.

Das müssen sie auch nicht;
es ist nicht die ihre.

Verharre nicht
in der Vergangenheit,
träume nicht
von der Zukunft,
richte
deinen Geist auf
den jetzigen
Augenblick.

Buddha

Nimm dir Zeit, um das zu tun, was deine Seele glücklich macht.

MANCHMAL

ERKENNST DU DEN WAHREN WERT

EINES AUGENBLICKS ERST,

WENN ER

ZUR ERINNERUNG

GEWORDEN IST.

Wir erinnern
uns nicht an Tage,
wir erinnern uns
an Augenblicke.

Cesare Pavese

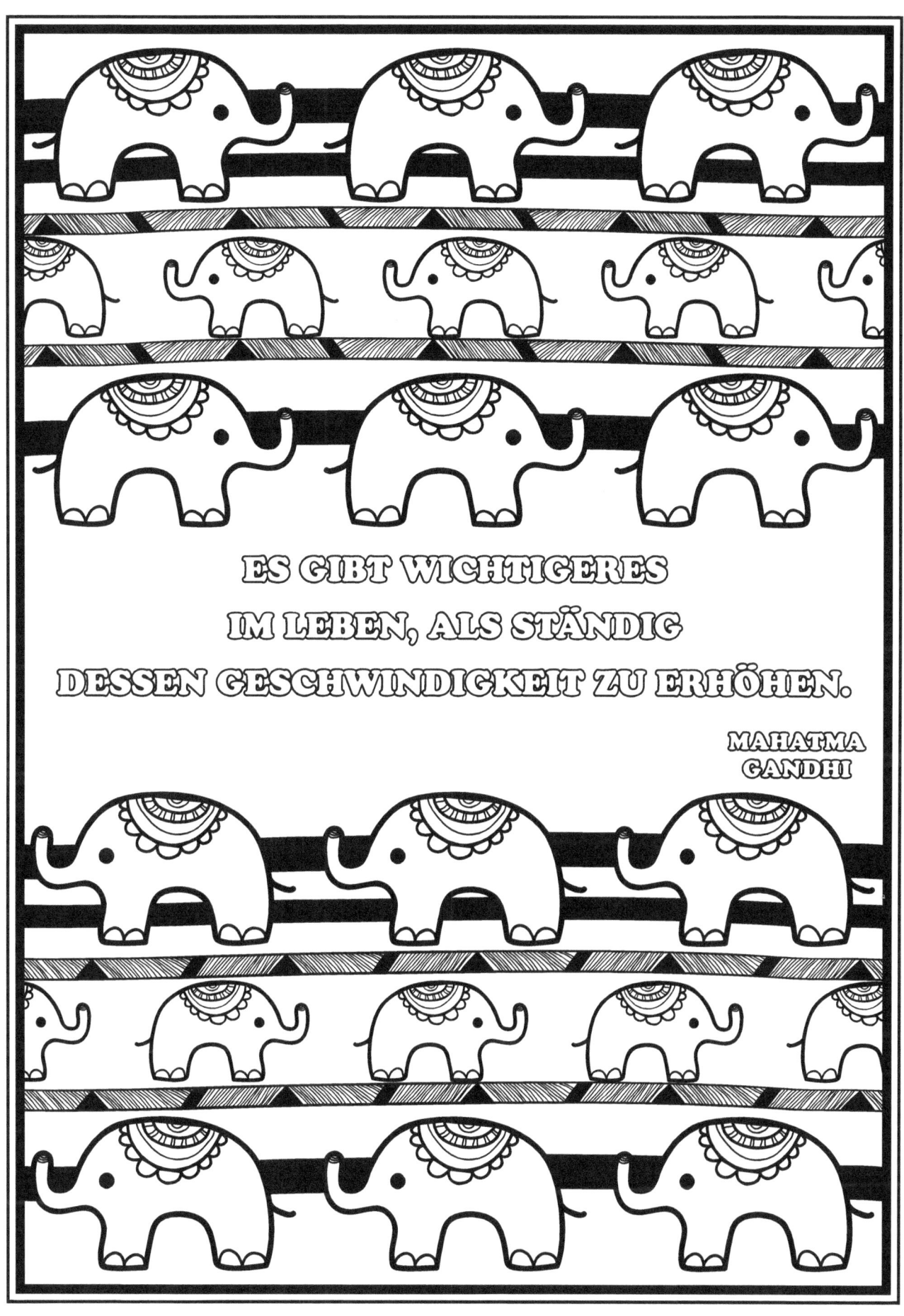

ES GIBT WICHTIGERES
IM LEBEN, ALS STÄNDIG
DESSEN GESCHWINDIGKEIT ZU ERHÖHEN.

MAHATMA
GANDHI

Lass dir
das Leben geschehen.
Glaub mir:
das Leben hat recht —
immer.

Rainer Maria Rilke

ICH WILL,
DASS DU ALL DAS BIST,
WAS DICH AUSMACHT,

TIEF IM INNERSTEN
DEINES SEINS.

KONFUZIUS

www.ingramcontent.com/pod-product-compliance
Lightning Source LLC
Chambersburg PA
CBHW081839280526
45789CB00007B/2508